평범한 우리 어린이들을 다음 세대
위인으로 만들어 줄 교과서 위인 이야기!
효리원의 교과서 위인 이야기는 초등학교
교과 과정에 나오는 국내외 위인들을 우리나라
최고 아동 문학가 53인이 재미있게 동화로 구성했습니다.
지혜와 용기로 위대한 삶을 산 위인들의 이야기는,
어린이들의 마음속에 '나도 할 수 있다.'는
희망의 씨앗을 심어 줄 것입니다!

일러두기

1. 띄어쓰기와 맞춤법 : 초등학교 국어 교과서와 국립국어원의 『표준국어대사전』을 기준으로 하였습니다.
2. 외래어 지명과 인명 : 국립국어원의 『외래어 표기 용례집』을 기준으로 하였습니다.
3. 이해가 어려운 단어 : ( ) 안에 뜻풀이를 하였습니다.
4. 작가 연보 : 연도와 함께 나이를 표기하고, 업적을 간략히 소개하였습니다. 우리나라 위인은 태어난 해를 한 살로 하였고, 외국 위인은 만 나이를 한 살로 하였습니다. 정확한 자료가 없는 위인은 연도와 업적만을 나타냈습니다.
5. 내용 구성 : 위인의 삶은 역사적 자료를 바탕으로 최대한 사실적으로 구성하였습니다. 그러나 읽는 재미를 위해 대화 글이나 배경 묘사, 인물의 감정 표현 등에 작가의 상상력을 가미하였습니다.
6. 그림 구성 : 문헌을 바탕으로 위인이 살던 시대를 충실히 나타내도록 하되 복식의 색상이나 장식, 소품, 건물 등은 작가의 상상으로 그렸습니다.
7. 내용 감수 : 각 분야의 전문가들로 구성된 편집 위원들이 꼼꼼히 감수를 하였습니다.

편집 위원

김용만(우리역사문화연구소장)
교과서에서 만나는 위인들을 중심으로 일화와 함께 그림과 사진을 곁들여 지루하지 않게 읽을 수 있습니다. 술술 읽다 보면 학교 공부에도 많은 도움이 될 것입니다.

신현득(동시인, 전 새싹회 회장)
우리가 자주 듣고 접하는 역사 속 실존 인물들이 자신의 꿈을 이루기 위해 어떻게 노력했는지 깨달아 가면서 우리 어린이들은 한층 더 성숙해질 것입니다.

윤재운(동북아역사재단 연구 위원)
위인전을 읽으면서 어린이들은 시대를 넘어 간접 체험을 할 수 있습니다. 어떻게 살아야 하는지 인생에 대한 동기 부여와 함께 삶이 보다 풍요로워질 것입니다.

이은경(철학 박사, 전북과학대 유아교육학과 교수)
한 사람의 인격과 품성은 어릴 때 형성됩니다. 따라서 초등학교 저학년 때 어떤 책을 읽느냐에 따라 생각의 크기가 달라집니다. 어린이의 미래를 위해 이 책은 꼭 읽어야 합니다.

이창열(하버드 대학교 물리학 박사, 전 국가과학기술자문회의 전문 위원)
세상을 바꾼 위대한 인물의 이야기는 어린이의 인성 및 감성 발달에 큰 영향을 미칠 뿐 아니라 실험 정신과 개척 정신을 길러 줍니다. 용기와 지혜로 세상을 헤쳐 나가는 당당한 어린이를 꿈꾼다면 이 책은 꼭 한번 읽어 보아야 합니다.

정재도(한글학자)
위인으로 일컬어지는 이들은 어떤 생각을 하고, 어떤 삶을 살았을까요? 그들의 흔적을 담은 위인전은 복잡한 현대를 이끌어 갈 우리 어린이들에게 나침반과 같은 역할을 할 것입니다.

조수철(서울대학교 의과대학 소아정신과 교수)
위인전은 시대와 신분, 업적이 다른 위인들의 삶이 다양하고 흥미롭게 구성되어 있어 손쉽게 여러 삶의 모습을 만날 수 있습니다. 용기 있게 고난을 헤쳐 나간 위인의 이야기를 통해 삶의 지혜를 배울 수 있을 것입니다.

고구려의 옛 땅에
발해를 세운 민족의 영웅
대조영

서석영 글 / 장인한 그림

효리원
hyoreewon.com

이 책을 읽는 학부모님과 선생님께

중국은 현재 "발해는 중국의 동북 변경 지역에 있던 하나의 지방 정권"이라면서 동북 공정 정책을 펴고 있습니다.

발해가 자기네 역사라고 억지 주장을 하면서 갈수록 음모를 노골화하고 있습니다.

최근에는 발해의 수도인 상경 용천부의 유적지를 복원해 세계 문화 유산에 올린다는 계획을 세우고 발 빠르게 움직이고 있습니다. 그들의 야욕은 여기서 그치지 않습니다. 상경 용천부를 관광 단지로 만들어 관광객을 끌어들이겠다며 일을 벌이고 있을 정도이니까요.

가만히 있다가는 우리의 긍지이자 자랑인 발해의 역사를 몽땅 도둑맞게 생겼습니다. 옛 문헌과 유물에 관한 심도 있는 연구와 대응이 필요함을 절실히 느낍니다.

이런 때일수록 커 가는 우리 어린이들에게 역사를 바로 알려 주어야 합니다. 조상들의 빛나는 발자취를 잘 알려 주고 어린이들의 가슴에 민족적 긍지와 자부심을 심어 주어야 합니다. 역사는 지나가 버린 흔적이 아니기 때문입니다.

조상들이 남긴 드높은 기상과 훌륭한 업적은 자라나는 아이들에게 높은 가치관을 심어 주는 소중한 유산입니다. 아이들은 그 유산을 바탕으로 힘을 얻고 미래를 계획합니다.

이 책을 읽음으로써 대조영이 어떻게 고구려 정신을 계승하여 발해를 세우고 발전시켰는지, 아이들이 똑똑히 아는 기회가 되도록 학부모님과 선생님께서 이끌어 주시기 바랍니다.

아울러 책을 읽은 후에는 해동성국 발해를 건국한 영웅 대조영과 빛나는 발해의 역사에 대해 함께 대화를 나눔으로써 아이들이 민족적 자부심과 긍지를 마음에 아로새길 수 있도록 지도해 주시기 바랍니다.

머리말

고구려 소년 대조영은 나라가 망하는 바람에 온갖 서러움을 겪게 됩니다. 고구려를 빼앗은 당나라는 고구려 사람들을 끌고 가 노예처럼 부렸지요.

하지만 대조영은 많은 어려움 속에서도 단 한순간도 희망을 잃지 않고 씩씩하고 꿋꿋하게 자라났습니다. 그리하여 고구려 백성들을 모아 마침내 당나라를 물리치고 고구려의 옛 땅으로 돌아와 자주 국가 발해를 세웠습니다. 그는 새 나라 발해를 강대한 나라로 이끌고 발전의 기틀을 다졌습니다.

대조영은 우리 역사의 자랑이자 희망입니다. 우리의 힘을 널리 떨침으로써 자신감을 심어 주었으니까요.

찬란하게 빛나는 발해의 역사와 대륙을 호령한 대조영의 위풍당당한 삶이 펼쳐지는 이 책을 읽으며 어린이 여러분도 우리 민족의 자부심과 긍지를 키워 보세요!

글쓴이 서석영

차 례

이 책을 읽는 학부모님과 선생님께 6

머리말 8

연개소문과의 만남 10

무너진 고구려 18

노예가 된 사람들 34

가자, 우리 땅으로 39

천문령 대첩 53

발해를 세우다 60

바다 동쪽의 융성한 나라 66

대조영의 삶 71

읽으며 생각하며! 72

연개소문과의 만남

고구려의 연개소문은 싸우는 전투마다 승리를 거두는 장수였습니다. 고구려인들에게 연개소문은 자랑이자 희망이었습니다. 어른들은 물론 아이들까지도 연개소문의 이야기를 들으며 꿈을 키웠습니다.

부여성의 성주이자 고구려 장수인 대중상에게는 조영이라는 아들이 있었습니다. 아버지가 전투에서 돌아오면 대조영은 이렇게 묻곤 했습니다.

"아버지, 대장군 연개소문께서 이번에는 어떤 방법으로 적을 무찌르셨나요?”

“이번에는 매복 작전을 폈는데, 아주 성과가 좋았다.”

“매복이 뭐예요?”

“적군을 기습하기 위해 숨어서 기다리는 거란다.”

“기습은 또 뭐예요?”

대조영은 이렇게 꼬치꼬치 캐물었습니다.

“이 녀석아, 전쟁터에서 싸우는 것보다 네 물음에 답하는 게 더 어렵구나.”

대중상은 껄껄껄 웃으며 자세히 설명해 주었습니다.

한동안 잠잠하던 당나라가 또 요동성을 공격해 왔습니다.

연개소문은 군사를

이끌고 나가 당나라군을 무찔렀습니다. 연개소문은 당나라군을 막아 내는 데 그치지 않았습니다. 도망하는 당나라군을 뒤쫓아가 당나라의 난현성을 포위해 버렸습니다. 하지만 난현성을 함락시키는 것은 쉽지 않았습니다.

“지금까지는 잘 싸웠는데, 여기서 막히고 말았구나. 어서 방법을 찾아야 할 텐데…….”

연개소문은 고민에 빠졌습니다.

그때 대중상이 급히 말을 몰아 왔습니다.

“대장군님, 대장군님! 물귀신 작전을 펴면 어떻겠습니까?”

“물귀신 작전?”

“네, 그렇습니다. 강에 둑을 쌓고 물을 담아 두었다가 적이 강을 건널 때 일시에 둑을 터뜨려 적을 물귀신으로 만드는 것입니다.”

"마침 장마철이니 그 방법도 괜찮겠군. 즉시 모두 나가 강에 둑을 쌓도록 하자."

고구려군은 대중상이 건의한 물귀신 작전으로 난현성을 함락시킬 수 있었습니다.

성을 함락한 후 연개소문이 대중상을 불렀습니다.

"이번에 자네 공이 컸네. 물귀신 작전 덕을 아주 크게 보았네, 허허허."

"사실 물귀신 작전은 제가 생각해 낸 것이 아닙니다. 제 어린 자식 놈이 해낸 생각입니다."

"어린애가 그런 놀라운 생각을 했다고? 내가 그 아이를 한번 만나 볼 수 있겠나?"

"대장군님께서 원하신다면 데려오겠습니다."

다음 날 대조영은 아버지와 함께 집을 나섰습니다.

대장군 연개소문 앞에 선 대조영은 몸 둘 바를 몰랐습니다. 얼굴이 홍당무가 되고 식은땀까지 줄줄 흘리고 있었습니다. 하지만 눈빛만은 초롱초롱 빛났습니다.

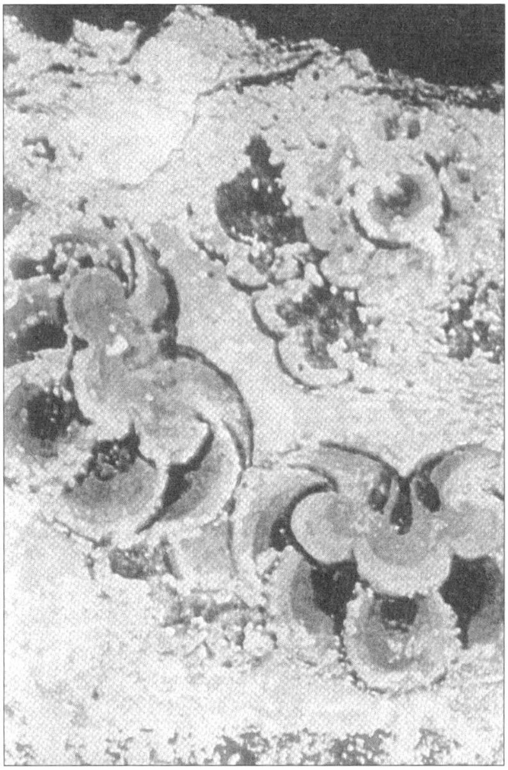

발해 왕릉 내부의 벽화 | 천장의 굄돌에 그려 넣은 꽃무늬로, 발해 벽화에서 공통적으로 발견되는 모양입니다.

"네가 바로 그 아이로구나! 어리지만 총기가 있어. 게다가 용맹스러운 고구려인의 눈매를 하고 있구나. 장군감이야, 장군감!"

연개소문은 천으로 싼 무언가를 상자에서 조심스럽게 꺼냈습니다.

"이걸 너에게 주고 싶구나. 자, 어서 받아라."

"감사합니다. 대장군님."

그것은 어린 대조영의 손 안에 쏙 들어오는 작은 검이었습니다. 검에는 별 모양의 옥이 박혀 있었습니다.

"이 옥검은 살수(지금의 청천강)에서 수나라를 크게 물리친 을지문덕 장군 때부터 내려온 검이니라. 내 이것을 너에게 줄 테니, 고구려의 용맹스러운 장수로 자라거라."

그 순간 옥검이 대조영의 손바닥 위에서 눈인사를 하는 듯 반짝 빛을 냈습니다.

집으로 돌아온 대조영은 자기만 아는 비밀 장소에 옥검을 두었습니다. 그리고 틈이 날 때마다 꺼내어 보며 연개소문 대장군의 말을 떠올렸습니다.

'내 이것을 너에게 줄 테니, 고구려의 용맹스러운 장수로 자라거라…….'

대조영은 연개소문 대장군의 말처럼 고구려를 지키는 장수가 되리라 마음속으로 다짐했습니다.

무너진 고구려

잇단 전쟁으로 고구려 백성들은 지쳐 있었고, 생활도 어려웠습니다. 그 무렵 백제가 신라를 공격했습니다. 힘이 약한 신라는 당나라에 군대를 요청했습니다. 신라와 당나라가 손잡아 만든 나당 연합군은 백제를 무너뜨렸습니다.

이어 나당 연합군은 고구려를 공격했습니다. 연개소문은 늙고 병든 몸을 이끌고 나가 적군을 무찔렀습니다. 하지만 이로 인해 건강이 더욱 나빠져 앓아눕고 말았습니다.

"우리 대장군님이 어서 낫게 해 주세요."

대조영이 옥검을 꺼내 놓고 정성껏 빌었지만 연개소문은 결국 세상을 뜨고 말았습니다.

"아아, 장군님이 돌아가시다니. 이제 우리는 어떻게 살아가야 할까……."

"이제 고구려는 바람 앞의 촛불 신세가 되고 말았어."

고구려인들의 불행은 여기서 끝나지 않았습니다. 연개소문의 세 아들 남생, 남건, 남산이 갈라져 서로 싸우기 시작한 것입니다.

대중상은 군사들을 모아 떠날 채비를 하며 말했습니다.

"조영아, 어서 가서 위태로운 평양성을 지켜야겠다."

"아버지, 우리 고구려를 꼭 지켜 주세요."

군사를 이끌고 평양성으로 향하던 대중상이 압록강에 이르렀을 때였습니다.

"장군님, 큰일 났습니다. 나당 연합군에 의해 평양성이 함락되었다고 합니다."

"뭐, 뭐라고? 그럼 고구려가 망했다는 말이냐? 이 일을 어

쩐단 말이냐!"

"이제 우리는 어떻게 해야 합니까?"

군사들이 우왕좌왕하며 되물었습니다.

"일단 부여성으로 돌아가자. 돌아가서 고구려를 되찾을 방법을 찾자."

대중상은 몇 날 며칠 말을 달려 부여성으로 돌아왔습니다. 하지만 부여성도 이미 당나라군에 넘어간 뒤였습니다.

"부여성마저 빼앗기고 말았구나!"

그때 대조영이 숲속에서 튀어나와 소리쳤습니다.

"아버지!"

"조영이 아니냐? 왜 여기 있느냐?"

"당나라군이 성안으로 쳐들어오는 바람에 쫓겨나고 말았습니다."

"네 어머니는?"

"저기 숲에 계세요."

그때 적의 형편을 살피러 갔던 병사가 달려오며 소리쳤습니다.

“장군님, 당나라군이 우리가 돌아온 걸 알아채고 공격 준비를 하고 있습니다.”

“그럼 일단 동쪽으로 가자. 동쪽으로!”

“아버지, 아버지!”

대조영이 갑자기 울먹이며 매달렸습니다.

“왜 그러느냐?”

“갑자기 쫓겨나는 바람에 옥검을 가져오지

못했어요.”

“연개소문 장군께서 네게 주신 옥검을? 그럼 어떤 방법을 써서라도 찾아와야지!”

그러자 옆에 있던 병사가 말했습니다.

“장군님, 많은 병사가 움직이는 건 위험합니다. 제가 조영을 데리고 성안으로 들어가 옥검을 찾아오겠습니다.”

“그러는 게 낫겠구나. 조영아, 난 네 어머니를 데리고 동쪽으로 출발할 테니 옥검을 찾아 뒤따라 오너라.”

대조영은 병사와 함께 주위를 살피며 조심스럽게 성안으로 들어갔습니다.

“저기 저쪽이에요.”

“하지만 그쪽은 당나라군이 지키고 있잖니. 반대쪽으로 돌아가자.”

병사와 대조영은 벽을 끼고 돌았습니다. 그때였습니다.

“조영아!”

뒤를 돌아보니 어머니였습니다.

"어머니, 왜 여기에 계세요?"

"어서 여기를 떠나자. 사방에 당나라군이 쫙 깔렸어."

"하지만 옥검을 찾아야 해요."

"옥검은 여기 있다."

어머니는 허리춤에서 옥검을 꺼내 보여 주었습니다.

"어머니, 고맙습니다. 정말 고맙습니다!"

대조영의 눈은 옥검을 찾은 기쁨에 촉촉이 젖어 있었습니다.

"어서 떠나야 합니다."

옆에 있던 병사가 재촉했습니다.

세 사람이 당나라군을 피해 성을 막 빠져나오려는 순간이었습니다. '억!' 소리와 함께 어머니 몸이 바람을 맞은 갈대처럼 휙 꺾였습니다. 무자비한 당나라군이 아녀자의 몸에 화살을 겨눈 것이었습니다.

"어머니!"

대조영은 병사와 함께 어머니를 부축해 간신히 그곳을 빠져나왔습니다. 그리고 밤새 말을 달려 마침내 아버지 대중상

을 만났습니다.

"아버지, 어머니가……."

대중상은 병사에게서 아내를 받아 치료를 시작했습니다. 하지만 대조영의 어머니는 그날을 넘기지 못하고 세상을 떠나고 말았습니다.

대중상은 나라를 잃은 슬픔에 아내를 잃은 아픔까지 더해 가슴이 찢어지는 고통을 느꼈습니다.

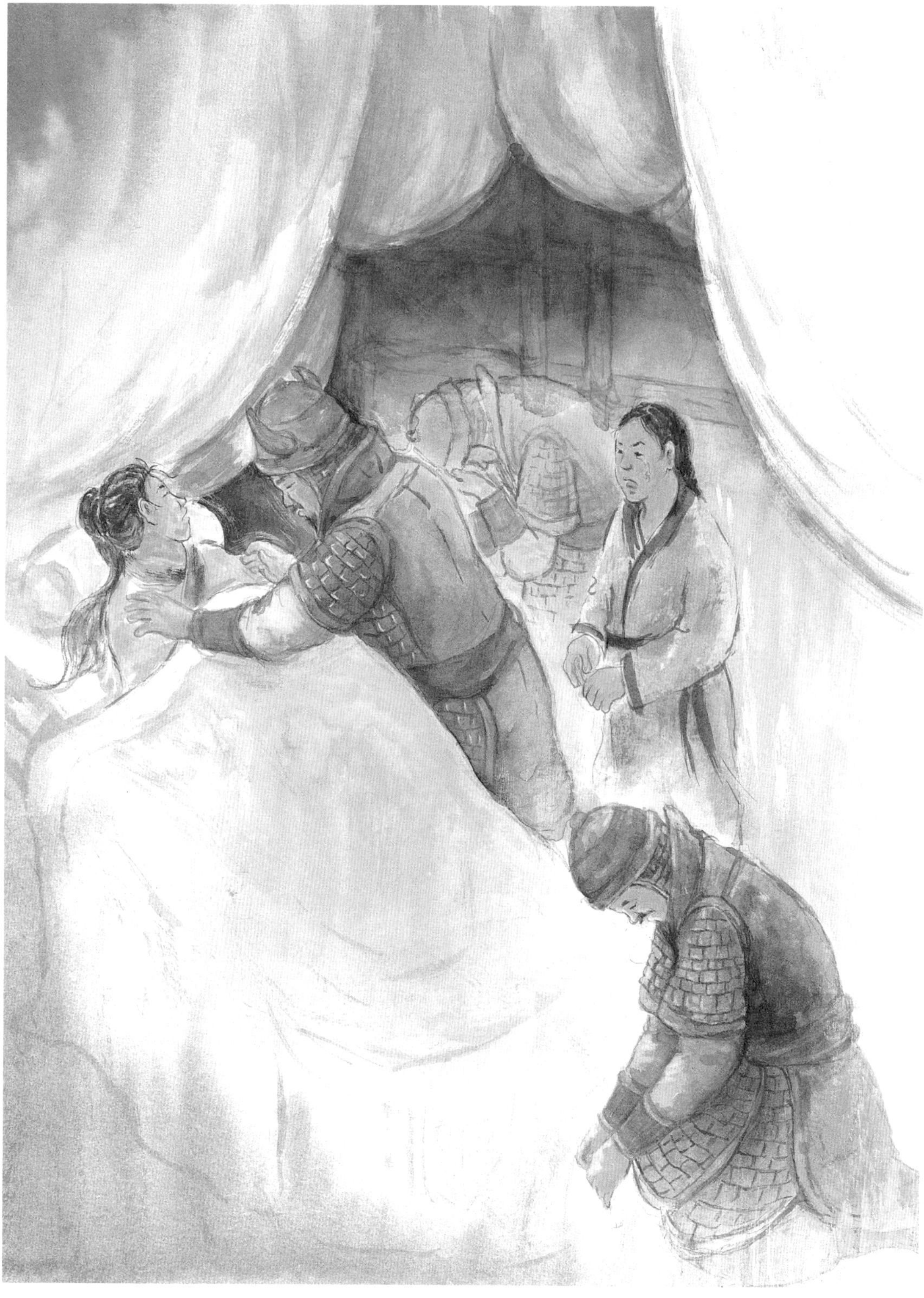

적의 움직임을 살피던 병사가 급히 돌아와 대중상에게 보고했습니다.

"장군님, 당나라군이 우리를 바짝 뒤쫓아 오고 있습니다."

"알았다. 서둘러 장례를 치르고 떠나자."

하늘도 슬픔을 아는 듯 맑던 하늘이 갑자기 어두워지더니 비가 주룩주룩 내렸습니다.

"어머니께서 찾아 주신 이 옥검을 다시는 잃어버리지 않겠습니다, 어머니!"

대조영은 울며 다짐을 했습니다.

"조영아, 어서 가자."

대중상과 대조영은 눈물을 흘리며 비바람 속으로 말을 몰았습니다.

노예가 된 사람들

대중상이 쑹화강(중국 동북의 지린성과 헤이룽장성 사이를 흐르는 하천) 근처에 이르렀을 때였습니다.

"일단 여기에 자리를 잡기로 하자. 이곳에서 힘을 키우다 보면 고구려를 되찾을 날이 반드시 올 거야."

대중상은 무리를 이끌며 열심히 힘을 키워 나갔습니다.

평양성이 함락되었지만 고구려 백성들은 쉽게 물러나지 않았습니다. 많은 고구려인들이 당나라군에 맞서 싸웠습니다.

“우리는 당당한 고구려 사람입니다. 절대 지면 안 됩니다.”

고구려를 다시 일으켜 세우려는 움직임은 여기저기에서 거세게 일어났습니다. 그러자 당나라는 고구려 유민들을 당나라의 황무지로 강제로 끌고 갔습니다. 그중에는 대중상이 이

끄는 무리도 끼어 있었습니다.

나라를 잃은 백성은 당나라군이 휘두르는 채찍을 맞으며 끌려가야 했습니다. 많은 사람들이 병이 나거나 굶주림에 지쳐 죽어 갔습니다.

“빨리 가지 못해!”

“아악!”

노인이 쓰러져도, 아이가 쓰러져도 당나라군은 채찍을 휘둘러 댔습니다. 여기저기서 채찍에 맞은 사람들이 비명을 질렀습니다.

대중상 무리가 끌려간 곳은 당나라의 영주 지방이었습니다. 고구려 유민들은 움막과 토굴(땅굴) 속에 살면서 씨를 뿌리고 곡식을 가꾸었습니다.

하지만 당나라는 세금으로 거의 대부분을 빼앗아 갔습니다. 수확을 적게 했다고 고구려 사람들을 끌고 가고, 세금을 제때 내지 않았다고 잡아갔습니다.

감옥에 갇힌 사람들은 고문을 당해 바보가 되거나 주검이

발해 유물 | 용머리(왼쪽)와 도깨비 기와(오른쪽)입니다. 용머리는 찢어진 입, 커다란 눈, 날카로운 이빨로 용맹함을 표현하였고, 기와는 날카롭게 튀어나온 송곳니와 길쭉한 혀, 벌름거리는 코 등 험상궂은 얼굴에 녹색 유약을 입혀 기괴함과 익살스러움이 느껴집니다.

되어 돌아왔습니다.

"아버지, 억울하고 답답해서 가슴이 터질 것 같아요."

"하지만 지금은 참아야 한다. 어서 힘을 키워 빼앗긴 나라를 되찾자꾸나."

그런 날이면 대조영은 옥검을 꺼내 빌었습니다.

"을지문덕 장군님, 연개소문 장군님, 전 빨리빨리 크고 싶어요. 어서 어른이 되어 우리나라 고구려를 되찾고 싶어요. 제게 용기와 힘을 주세요."

가자, 우리 땅으로

강제로 끌려온 당나라 땅에서 대중상은 점점 힘을 키워 나갔습니다.

젊은 장수가 된 대조영은 고구려 병사들을 모아 교육을 하고, 훈련을 시켰습니다. 하지만 당나라의 감시를 피해야 했기 때문에 밤마다 으슥한 산속에서 훈련을 했습니다.

그사이 대조영은 결혼을 해 아들 무예와 문예를 낳았습니다. 쫓겨 온 땅에서도 아이들은 무럭무럭 자라나 어느새 씩씩한 소년이 되었습니다.

세월은 흐르고 흘러 영주 땅에 온 지 거의 삼십 년이 되어 가고 있었습니다.

그 무렵 영주를 다스리던 당나라 관리 조문홰는 난폭하고 욕심이 많았습니다. 몇 년째 흉년이 들어 먹을 것도 부족한데 폭력을 휘두르며 곡식을 다 빼앗아 갔습니다. 그러자 영주에 살던 거란인, 고구려인, 말갈인들이 들고 일어났습니다.

“조문홰를 처단하자! 조문홰를 처단하자!”

여기저기에서 함성이 일고 불길이 치솟았습니다.

“다 쓸어 버려라! 하나도 남기지 말고 모두 죽여 버려!”

조문홰는 군사들을 시켜 대항하게 하고 자신은 슬그머니 성문을 빠져나가 도망쳤습니다.

대중상이 대조영을 불렀습니다.

“드디어 영주를 탈출할 기회가 왔다. 난 즉시 출발할 테니 넌 영주에 남아 있는 고구려 유민(망하여 없어진 나라의 백성)들과 병사들을 모아 뒤따라오너라. 요동(중국 랴오허강의 동쪽)에서 만나자.”

"알겠습니다. 바로 뒤따라가겠습니다."

새로운 땅에 이를 때마다 대조영은 고구려 유민들에게 말했습니다.

"우리는 지난 삼십 년 동안 나라를 되찾을 날을 기다리며 온갖 어려움을 참고 견뎌 왔습니다. 이제 드디어 때가 왔습니다. 어서 우리 땅으로 돌아갑시다!"

"당연히 그래야지요. 대조영 장군 만세!"

날이 갈수록 대조영을 따르는 병사와 유민의 수는 늘어났습니다.

대조영이 요동을 향해 진격해 가던 어느 날, 대중상이 보낸 연락병이 도착했습니다.

"대중상 장군이 지금 요하(중국 만주 지방을 흐르는 강) 서쪽에서 매우 어려운 지경에 처하셨습니다."

대조영은 병사들에게 명령했습니다.

"좀 더 속도를 내 요하를 향해 진격하자!"

대조영과 병사들은 당나라군과 전투를 벌이고 있는 고구려

군을 만났습니다.

“장군님, 고구려군이 곧 포위될 것 같습니다.”

“그럼 기습 작전으로 뒤에서 공격하자.”

당나라군은 대조영의 기습 작전에 놀라 정신을 못 차리고 우왕좌왕하다 달아났습니다.

“아버님은 어디 계신가?”

“조금 전에 전투를 벌이다 말에서 떨어져 저쪽에 누워 계십니다.”

나이가 많은데다 계속되는 전투에 지친 대중상 장군은 위독한 상태였습니다.

“아버님!”

“아들아, 아버지는 이루지 못했다만 너는 고구려 땅을 꼭 되찾아 반드시 새 나라를…….”

고구려 장군 대중상은 미처 말을 마치지도 못하고 숨을 거두고 말았습니다.

“고구려를 되찾으려고 고생만 하다 이렇게 가시다니…….”

아버지를 잃은 슬픔으로 대조영은 목이 메었습니다.

'아버지가 이루지 못했던 꿈, 내가 어떻게든 이루고야 말겠다. 새 나라를 세우자! 그러려면 우선 요하를 건너 요동성을 쳐야 한다.'

대조영은 아버지 주검 앞에서 이를 악물고 다짐했습니다.

"아버님, 저에게도 군대를 주십시오."

이제 다 자란 대조영의 아들 무예가 나섰습니다.

"그래라. 너도 이제 고구려 장군으로 부족함이 없을 만큼 씩씩하게 자랐으니까."

대조영은 아버지 대중상 장군을 잃었지만, 무예라는 젊은 장수를 얻었습니다.

"요동성을 공격하라!"

무예의 지휘 아래 성벽을 사이에 두고 치열한 전투가 벌어졌습니다.

"이런, 안 되겠다. 더 이상은 안 되겠어."

요동성을 지키던 당나라군이 도망치기 시작했습니다.

“대조영 장군 만세! 고구려 만세!”

“만세, 만세!”

고구려가 망한 뒤 성안에 살고 있던 고구려인들이 환호성을 질렀습니다. 영주까지 끌려갔다 온 고구려인, 여기저기서 무리지어 들어온 고구려인, 성안에 살고 있던 고구려인들이 서로 부둥켜안고 한덩어리가 되어 기뻐했습니다.

요동성을 함락하자 대조영은 아버지 대중상의 장례부터 치렀습니다.

“아버님, 그렇게 밟고 싶어하시던 고구려의 옛 땅 요동입니다. 고구려 땅에서 편안히 잠드소서. 더욱 힘을 모아 아버님의 뜻을 꼭 이루도록 하겠습니다.”

대조영은 안시성과 개모성도 차례로 공격해 승리를 거두고 성을 되찾았습니다.

“다시 전력을 가다듬어 안동도호부(당나라가 고구려를 다스리기 위해 설치한 기관)가 있는 신성을 공격하자!”

“공격하자!”

고구려 사람들의 기개는 하늘을 찔렀습니다.

"그런데 아버님, 좋지 않은 소식이 있습니다."

"무슨 소식이냐?"

"당나라군이 총공세를 펼치면서 이리로 오고 있습니다."

무예의 보고에 대조영은 얼른 명령을 내렸습니다.

"활을 잘 쏘는 궁사들과 기마병을 총동원하여 놈들을 퇴치하라."

급히 손을 썼지만 안타깝게도 개모성은 당나라군에 함락되고 말았습니다.

"성을 되찾기도 힘들지만, 지키기는 그보다 더 어렵구나."

대조영은 깊은 시름에 잠겼습니다. 어떻게 해야 할지 쉽게 판단을 할 수 없었습니다.

대조영은 옥검을 앞에 두고 물었습니다.

"우리 고구려인들의 미래를 위해서, 지금 어떻게 해야 좋을지 알려 주십시오."

옥검과 깊은 대화를 나눈 뒤 대조영은 무예를 불렀습니다.

“무예야, 이곳을 떠나자.”

“떠나자고요? 어떻게 되찾은 땅인데요. 이 요동에 새 나라를 세운다 하지 않으셨습니까?”

무예는 펄쩍 뛰며 말했습니다.

“맞다. 영주에 끌려갔다가 삼십 년 만에 돌아와 찾은 소중한 땅이지. 하지만 지금은 여기 있을 때가 아닌 것 같구나. 좀 더 동쪽으로 가서 나라를 세워 힘을 키운 다음 이곳을 되찾기로 하자. 큰 것을 위해 작은 것을 포기하자는 것이니 너무 아쉬워 마라.”

“예, 알겠습니다.”

무예는 아버지 대조영의 깊은 뜻을 알아차리고 순순히 따르기로 했습니다.

천문령 대첩

당나라에 항복하고 충성을 맹세한 거란족 장수 이해고는 안달이 났습니다.

"고구려 부흥군을 모조리 때려잡아 당나라 조정이 날 믿도록 해야겠어."

하지만 고구려 부흥군은 당나라와의 충돌을 피하며 계속 동쪽으로 나아갔습니다.

대조영 장군이 고구려 부흥군을 이끌고 있다는 소식을 듣고 박작성, 국내성, 사평성, 부여성에 머물던 유민들까지 몰

려들었습니다. 고구려 유민뿐이 아니었습니다. 말갈인들까지 고구려 장군 대조영을 따르겠다며 몰려왔습니다. 이렇게 되자 고구려 부흥군은 하루가 다르게 수가 불어났습니다.

"대조영의 세력이 점점 더 커지고 있다고? 내 이를 그냥 두고 볼 수 없지."

이를 갈고 있던 이해고는 측천무후(당나라 고종의 황후. 나중에 나라 이름을 '주'로 고치고 스스로 여황제가 됨)에게 군사를 더 보내 달라고 요청했습니다.

당나라군을 살피러 갔던 병사가 급히 돌아와 말했습니다.

"장군님, 이해고가 십만이 넘는 군사를 이끌고 바짝 뒤쫓아 오고 있습니다."

"뭐라고? 그렇다면 이번엔 맞붙을 수밖에 없겠구나."

대조영은 주먹을 불끈 쥐며 말했습니다.

"우리가 그렇게 많은 군사를 당해 낼 수 있을까요?"

병사가 걱정을 가득 품은 얼굴로 대조영에게 물었습니다.

"음, 무언가 새로운 방법을 생각해 내야겠지."

대조영과 부하들은 고민에 빠졌습니다.

"당나라군에 비해 우린 군사가 너무 적으니 매복 작전을 펴는 것이 어떻겠습니까?"

무예가 조심스럽게 의견을 내놓았습니다.

"매복 작전?"

대조영이 아들 무예 쪽으로 얼굴을 돌리며 물었습니다.

"예, 험난하기로 유명한 천문령(지금의 랴오닝성과 지린성 경

계에 있는 지역) 고개가 멀지 않습니다. 그곳에 숨어 있다가 당나라군을 천문령 고개로 끌어들여 갑자기 공격을 퍼붓는 겁니다."

"그거 좋은 생각이구나. 어서 천문령으로 가자."

천문령에서 매복 작전을 펼 거라는 소식이 전해지자 천문령 근처에 살던 고구려 유민들이 돕겠다고 나섰습니다.

"천문령은 산세가 험하고 길이 복잡하지만 우리는 샛길까지 훤히 알고 있으니 안내를 맡겠습니다."

"맞습니다. 어디에 어떤 바위와 굴이 있고 은신처가 어디에 있는지 훤히 꿰고 있습니다. 두더지처럼 숨어 있다 갑자기 공격을 퍼붓기 좋은 곳을 알려 드리지요."

"장군님, 저희들도 돕겠습니다."

병사들은 물론 아녀자와 아이들까지 나서서 돌을 날랐습니다. 고갯길을 빙글빙글 돌며 곳곳에 구덩이를 팠습니다. 두더지 굴은 땅속에서 서로 연결되기도 했습니다.

"흔적으로 보아 고구려 부흥군이 천문령으로 피했음이 분

명하다. 어서 천문령을 포위하라. 토끼몰이를 하듯 꼭대기로 몰아 모조리 해치워라! 으하하핫!"

이해고는 벌써 승리라도 한 듯 웃어 제꼈습니다.

"굴속에서 조용히 기다려라. 함부로 나서서 일을 그르치지 마라!"

대조영은 신신당부를 하며 당나라군을 기다렸습니다.

고구려 부흥군은 두더지 굴에 몸을 숨기고 기다렸습니다. 당나라군이 나타나자 부흥군은 두더지 굴에서 고개를 쏘옥 내밀고 화살을 쏘았습니다. 바위를 굴리고 통나무에 불을 붙여 굴렸습니다. 그러고는 다시 두더지 굴로 들어가 몸을 숨겼습니다.

"하늘로 날아갔는지 땅으로 꺼졌는지, 고구려군이 한 놈도 보이지 않습니다."

"그놈들이 귀신이라도 된단 말이냐? 죽을 힘을 다해 총공격을 하란 말이다!"

당나라군이 산등성이를 오르는 소리가 땅을 뒤흔들었습니

발해 유물 | 불비상(왼쪽)과 불상(오른쪽)입니다. 불비상은 아미타불을 중심으로 가르침을 듣는 승려와 보살을 새겼고, 불상은 석가와 다보가 나란히 앉은 모습을 표현하고 있습니다.

다. 화살이 빗발치고 창 끝이 번쩍번쩍 빛을 발했습니다.

하지만 그런 당나라군도 두더지 굴에서 쏟아지는 공격을 당해낼 수는 없었습니다.

"대조영 장군 만세, 대고구려 만세!"

승리의 함성이 골짜기에 가득 찼습니다.

이해고는 고구려군의 함성 소리를 들으며 걸음아 나 살려라 줄행랑을 쳤습니다.

발해를 세우다

당나라를 물리친 뒤 대조영은 고구려 유민과 그를 따르는 말갈인들을 이끌고 다시 길을 떠났습니다.

"천문령에서 대조영 장군이 당나라군을 쓸어 버렸대."

"그렇게 끈질기게 괴롭히던 당나라와 이해고를 물리치다니, 정말 대단해."

대조영 장군이 당나라군을 무찔렀다는 소식은 멀리까지 퍼져 갔습니다.

"대조영 장군이 동쪽으로 가 새 나라를 세우려고 한대."

대조영함 | 우리나라 자체 기술로 설계하여 제작한 4,500톤 규모의 다목적 구축함입니다.

"대조영 장군이 새 나라를 세운다고? 그럼 나도 장군을 따라가야겠구먼."

"나도 가야지."

하루가 다르게 자신을 따르는 사람의 수가 늘어나자 대조영은 마음이 급해졌습니다.

'어서 좋은 땅을 골라 새 나라를 세워야 해.'

동모산(중국 지린성 둔화시 부근)에 이르렀을 때입니다.

"이곳이 좋겠다. 여기에 나라를 세우자."

대조영은 698년 새 나라를 세워 나라 이름을 '진'이라 하고 왕이 되었습니다.

"나 대조영, 이곳에 새 나라를 세우노니, 여러분 모두 힘을 합쳐 주시오!"

"만세, 만세! 진 만세!"

고구려 유민과 말갈인들은 한데 어울려 기쁨의 함성을 질렀습니다.

그날 밤 대조영은 옥검을 꺼내 놓고 생각에 잠겼습니다.

'새 나라를 세웠으니 이제 나라의 기틀을 잡아야 해. 그게 바로 옥검의 뜻일 거야.'

나라의 기틀이 완성되자 대조영은 나라 이름을 '발해'로 바꾸고 영토 확장에 나섰습니다. 동으로는 동해에 이르고 서쪽으로는 거란에 이를 만큼 힘을 키웠습니다. 남쪽으로는 신라와 대동강을 사이에 둘 정도로 영토를 넓혔습니다.

발해는 이제 어느 나라도 쉽게 넘볼 수 없는 나라가 되었습니다. 백성들은 당당해졌고 생활도 풍족해졌습니다.

하지만 대조영은 스스로에게 약속했던 마음속의 꿈을 잊지 않았습니다.

'이것이 끝이 아니야. 고구려의 옛 영토를 모두 회복하는 날까지는 긴장을 늦출 수 없어. 그게 바로 내가 어려서부터 키워 온 꿈이니까.'

왕이 된 뒤에도 대조영은 혼자 있는 시간에 옥검을 꺼내 보며 이렇게 꿈을 다졌습니다.

옥검을 통해 고구려의 대장군 연개소문을 만나고 을지문덕을 만나며 고구려인의 혼을 일깨웠습니다.

그리고 보다 큰 꿈을 이룰 수 있도록 자신에게 힘을 달라고 빌었습니다.

바다 동쪽의 융성한 나라

719년에 접어들면서 대조영은 앓아눕는 날이 많아졌습니다. 나이도 많았지만 그동안 너무 많은 일을 하느라 지쳤기 때문이었습니다.

새벽부터 조용히 눈이 내리던 날 아침이었습니다.

"아바마마, 밤새 평안하셨습니까?"

"무예야, 이걸 받아라."

대조영은 무예의 문안 인사에 제대로 대답도 하지 않고 옥검부터 내밀었습니다.

"이 검은 을지문덕 장군에게서 연개소문 장군으로, 그리고 내게 내려온 옥검이다. 이 옥검을 너에게 주마."

옥검을 받아 든 무예는 어쩔 줄 몰랐습니다.

대조영은 병석에 오래 누운 사람답지 않게 또박또박 말했습니다.

"넌 내가 이루지 못한 대업을 꼭 이루어야 한다. 발해를 잘 이끌어 고구려를 뛰어넘는 위대한 나라로 만들어다오."

"아바마마, 명심하겠습니다."

"대업을 이루려면 어려움도 많겠지. 하지만 그때마다 이 옥검이 이끌어 주고 힘이 되어 줄 것이다. 이 옥검은 고구려인의 혼이자 넋이니까."

말을 마친 대조영은 잠을 자듯 눈을 감았습니다.

그 순간 옥검에서 번쩍 빛이 났습니다.

대조영이 눈을 감은 것을 아는 듯 하늘에서는 흰 눈이 펑펑 쏟아졌습니다.

대조영이 세상을 떠나자 아들 대무예가 발해의 2대 무왕이

되었습니다.

무왕은 즉위하자마자 북쪽에서 문제를 일으키는 흑수 말갈을 쳤습니다. 이어 장문휴 장군을 당나라로 보내 산둥 반도에 있는 덩저우(지금의 산둥성 망오핑현)를 점령했습니다.

무왕에 이어 즉위한 3대 문왕은 수도를 첫 도읍지인 동모산에서 상경 용천부로 옮겨 나라를 계속 발전시켰습니다.

10대 선왕에 이르러서는 영토를 크게 넓히며 당나라로부터 '해동성국(바다 동쪽의 융성한 나라)'이라 불릴 정도로 번창했습니다. 하지만 15대 애왕은 술로 세월을 보내며 나라를 돌보지 않았습니다.

그리하여 마침내 926년, 발해는 요나라의 공격을 막아 내지 못하고 역사 속으로 사라지고 말았습니다.

대조영의 삶

연대	발자취
?	고구려 장군 대중상의 아들로 태어나다.
668년	신라와 당나라 연합군(나당 연합군)에 의해 고구려가 무너지다.
696년	당나라 영주 지방으로 강제로 끌려가 살던 중 대중상과 대조영이 탈출하다.
698년	천문령 대첩에서 당나라군을 크게 물리치고 동모산에 '진'이라는 나라를 세우다.
713년	나라 이름을 '발해'로 바꾸다.
719년	고왕 대조영이 왕위에 오른 지 21년 만에 세상을 떠나다. 아들 대무예가 발해 제2대 무왕이 되다.
732년	무왕이 장수 장문휴를 보내 당나라의 덩저우를 공격하다.
742년	발해 제3대 왕인 문왕이 수도를 상경 용천부로 옮기다.
818년	발해 제10대 왕으로 선왕이 즉위하다. '해동성국'이라 불리며 최고의 전성기를 맞이하다.
926년	제15대 애왕이 즉위하자 요나라(거란족)가 침입하여 발해가 멸망하다.

읽으며 생각하며!

1. 대조영이 어릴 때 존경하던 사람은 누구인가요?

2. 다음은 연개소문과 대중상이 나눈 대화입니다. 밑줄 친 부분이 가리키는 사람은 누구인가요?

"이번에 자네 공이 컸네. 물귀신 작전 덕을 크게 보지 않았는가."

"사실 물귀신 작전은 제가 생각해 낸 것이 아닙니다. 제 어린 자식 놈이 해낸 생각입니다."

"어린애가 그런 놀라운 생각을 했다고? 내가 그 아이를 한번 만나 볼 수 있겠나?"

"대장군님께서 원하신다면 데려오겠습니다."

3. 연개소문이 '물귀신 작전'을 칭찬하며 대조영에게 준 선물은 무엇인가요?

4. 다음은 연개소문이 세상을 떠난 뒤의 일입니다. 이 글을 읽고 어떤 생각이 드나요?

"아아, 장군님이 돌아가시다니. 이제 우리는 어떻게 살아가야 할까……."

"이제 고구려는 바람 앞의 촛불 신세가 되고 말았어."

고구려인들의 불행은 여기서 끝나지 않았습니다. 연개소문의 세 아들 남생, 남건, 남산이 갈라져 서로 싸우기 시작한 것입니다.

5. 나라를 잃은 고구려 사람들은 당나라로 끌려가 많은 고생을 했습니다. 이를 통해 나라를 잃는다면 어떤 일이 일어날지 생각해 보세요.

나라를 잃은 백성은 당나라군이 휘두르는 채찍을 맞으며 끌려가야 했습니다. 많은 사람들이 병이 나거나 굶주림에 지쳐 죽어 갔습니다.

"빨리 가지 못해!"

노인이 쓰러져도, 아이가 쓰러져도 당나라군은 채찍을 휘둘러 댔습니다.

6. 대조영은 아버지가 돌아가셨지만 슬퍼할 겨를도 없이 아버지의 뜻을 이어 새 나라를 일으켜야겠다고 다짐합니다. 이런 대조영의 모습을 보며 어떤 생각이 들었나요?

7. 다음 글을 읽고 느낀 점을 써 보세요.

무왕에 이어 즉위한 3대 문왕은 수도를 첫 도읍지인 동모산에서 상경 용천부로 옮겨 나라를 계속 발전시켰습니다. 10대 선왕에 이르러서는 영토를 크게 넓히며 당나라로부터 '해동성국(바다 동쪽의 융성한 나라)'이라 불릴 정도로 번창했습니다. 하지만 15대 애왕은 술로 세월을 보내며 나라를 돌보지 않았습니다.

결국 926년, 발해는 요나라의 공격을 막아 내지 못하고 역사 속으로 사라지고 말았습니다.

풀이

1. 연개소문

2. 대조영

3. 옥검

4. 예시 : 같은 편끼리 힘을 모아 싸우기도 바쁜 때에 자신의 이익을 위해 편을 나눈다는 것은 옳지 않은 행동이다. 나라가 위태로운데 형제끼리 싸움을 하다니, 아버지의 이름에 먹칠을 하는 행동이라고 생각된다. 나 하나만 생각하지 말고 '우리'를 생각하고 함께 힘을 합쳐야 위기에서 벗어날 수 있다. 어려운 때일수록 어떤 것이 모두를 위하는 길인지 잘 생각해 보아야 할 것이다.

5. 예시 : 만약 나라를 빼앗긴다면 다른 나라 사람들로부터 업신여김을 당할 것이다. 다른 나라로부터 우리를 지켜 줄 정부도 없어져 억울한 일을 당해도 보호받을 수 없게 될 것이다. 한마디로 나라를 빼앗긴다는 것은 자유를 잃고 권리를 빼앗기는 것과 같다고 생각한다.

6. 예시 : 내가 대조영이었다면 아버지를 잃은 슬픔에 싸워야겠다는 생각도 못했을 텐데, 마음을 다잡고 아버지가 못 다 이룬 꿈을 이루겠다는 결심을 한 대조영이 정말 대단하다. 그리고 마침내 그 꿈을 이루어 냈다는 사실이 감탄스럽다. 이처럼 어려운 일이 닥쳐도 흔들리지 않고 큰일을 이루어 냈기에 대조영은 오늘날 훌륭한 위인으로서 존경을 받게 된 것이다.

7. 예시 : 애왕은 술에 빠져 나라를 돌보지 않았고, 조상들의 업적을 이어받을 생각도 하지 않았다. 그렇기 때문에 눈부시게 발전하던 발해가 허무하게 사라지고 말았다. 나라를 더욱 발전시키려면 지도자가 열심히 노력하는 자세를 잃어서는 안 된다. 그래야만 국민도 지도자를 존경하고 애국심을 갖게 된다. 따라서 많은 사람을 이끄는 지도자는 끊임없이 노력해야 한다.

역사 속에 숨은 위인을 만나 보세요!

한국사

연도	인물	사건
2000		고조선 건국 (B.C. 2333)
300		철기 문화 보급 (B.C. 300년경)
100		고조선 멸망 (B.C. 108)
300	광개토 태왕 (374~412) 을지문덕 (?~?)	고구려 불교 전래 (372)
500	연개 소문 (?~666) 김유신 (595~673)	신라 불교 공인 (527)
600	대조영 (?~719)	고구려 살수 대첩 (612) 신라 삼국 통일 (676) 대조영 발해 건국 (698)
800	장보고 (?~846) 왕건 (877~943)	장보고 청해진 설치 (828)
900	강감찬 (948~1031)	견훤 후백제 건국 (900) 궁예 후고구려 건국 (901) 왕건 고려 건국 (918)
1000		귀주 대첩 (1019)
1100		윤관 여진 정벌 (1107)
1200		고려 강화로 도읍 옮김 (1232) 개경 환도, 삼별초 대몽 항쟁 (1270)
1300	최무선 (1328~1395) 황희 (1363~1452) 세종 대왕 (1397~1450) 장영실 (?~?)	문익점 원에서 목화씨 가져옴 (1363) 최무선 화약 만듦 (1377) 조선 건국 (1392)
1400		훈민 정음 창제 (1443)
1500	신사임당 (1504~1551) 이이 (1536~1584) 허준 (1539~1615) 유성룡 (1542~1607)	임진 왜란 (1592~1598) 한산도 대첩 (1592)
1600	한석봉 (1543~16 이순신 (1545~15 오성과 한음 (오성 1556~1618 / 한음 1561~1613)	허준 동의보감 완성 (1610) 병자 호란 (1636) 상평 통보 전국 유통 (1678)

B.C. 선사 시대 및 연맹 왕국 시대	A.D. 삼국 시대	698 남북국 시대	918 고려 시대	1392

2000 500 400 300 100 0 300 500 600 800 900 1000 1100 1200 1300 1400 1500 1600

B.C. 고대 사회	A.D. 375 중세 사회	1400

세계사

2000	중국 황하 문명 시작 (B.C. 2500년경)
500	인도 석가모니 탄생 (B.C. 563년경)
300	알렉산더 대왕 동방 원정 (B.C. 334)
300	크리스트교 공인 (313) 게르만 민족 대이동 시작 (375) 로마 제국 동서로 분열 (395)
500	수나라 중국 통일 (589)
600	이슬람교 창시 (610) 수 멸망 당나라 건국 (618)
800	러시아 건국 (862)
900	거란 건국 (918) 송 태종 중국 통일 (979)
1000	제1차 십자군 원정 (1096)
1200	테무친 몽골 통일 칭기즈 칸이 됨 (1206) 원 제국 성립 (1271)
1300	원 멸망 명 건국 (1368)
1400	잔 다르크 영국군 격파 (1429) 구텐베르크 금속 활자 발명 (1450)
1500	코페르니쿠스 지동설 주장 (1543) 도요토미 히데요시 일본 통일 (1590)
1600	독일 30년 전쟁 (1618) 영국 청교도 혁명 (1642~16 뉴턴 만유 인력의 법칙 발견 (1665)

석가모니 (B.C. 563?~B.C. 483?)

예수 (B.C. 4?~A.D. 30)

칭기즈 칸 (1162~1227)

조선 시대 | 1876 개화기 | 1897 대한 제국 | 1910 일제 강점기 | 1948 대한민국

근대 사회 | 1900 현대 사회

연도	한국 인물	한국 사건	세계 사건	세계 인물
1700	정약용 (1762~1836) 김정호 (?~?)	이승훈 천주교 전도 (1784)	미국 독립 선언 (1776) 프랑스 대혁명 (1789)	워싱턴 (1732~1799) 페스탈로치 (1746~1827) 모차르트 (1756~1791) 나폴레옹 (1769~1821)
1800			청·영국 아편 전쟁 (1840~1842)	링컨 (1809~1865) 나이팅게일 (1820~1910) 파브르 (1823~1915) 노벨 (1833~1896) 에디슨 (1847~1931)
1850				가우디 (1852~1926)
1860		최제우 동학 창시 (1860) 김정호 대동여지도 제작 (1861)	미국 남북 전쟁 (1861~1865)	라이트 형제 (형, 윌버 1867~1912 / 동생, 오빌 1871~1948) 마리 퀴리 (1867~1934) 간디 (1869~1948)
1870	주시경 (1876~1914) 김구 (1876~1949) 안창호 (1878~1938) 안중근 (1879~1910)	강화도 조약 체결 (1876) 지석영 종두법 전래 (1879)	베를린 회의 (1878)	아문센 (1872~1928) 슈바이처 (1875~1965) 아인슈타인 (1879~1955)
1880		갑신정변 (1884)	청·프랑스 전쟁 (1884~1885)	헬렌 켈러 (1880~1968)
1890	우장춘 (1898~1959) 방정환 (1899~1931)	동학 농민 운동, 갑오개혁 (1894) 대한제국 성립 (1897)	청·일 전쟁 (1894~1895) 헤이그 평화 회의 (1899)	
1900	유관순 (1902~1920) 윤봉길 (1908~1932)	을사조약 (1905) 헤이그 특사 파견, 고종 퇴위 (1907)	영·일 동맹 (1902) 러·일 전쟁 (1904~1905)	
1910	이중섭 (1916~1956)	한일 강제 합방 (1910) 3·1 운동 (1919)	제1차 세계 대전 (1914~1918) 러시아 혁명 (1917)	테레사 (1910~1997) 만델라 (1918~2013)
1920		어린이날 제정 (1922)	세계 경제 대공황 시작 (1929)	마틴 루서 킹 (1929~1968)
1930	백남준 (1932~2006)	윤봉길·이봉창 의거 (1932)	제2차 세계 대전 (1939~1945)	
1940		8·15 광복 (1945) 대한민국 정부 수립 (1948)	태평양 전쟁 (1941~1945) 국제 연합 성립 (1945)	스티븐 호킹 (1942~2018)
1950	이태석 (1962~2010)	6·25 전쟁 (1950~1953)	소련 세계 최초 인공위성 발사 (1957)	오프라 윈프리 (1954~) 스티브 잡스 (1955~2011) 빌 게이츠 (1955~)
1970		10·26 사태 (1979)	제4차 중동 전쟁 (1973) 소련 아프가니스탄 침공 (1979)	
1980		6·29 민주화 선언 (1987) 서울 올림픽 개최 (1988)	미국 우주 왕복선 콜럼비아호 발사 (1981)	
1990		북한 김일성 사망 (1994)	독일 통일 (1990) 유럽 11개국 단일 통화 유로화 채택 (1998)	
2000		의약분업 실시 (2000)	미국 9·11 테러 (2001)	

2023년 1월 15일 2판 4쇄 **펴냄**
2014년 2월 25일 2판 1쇄 **펴냄**
2008년 10월 30일 1판 1쇄 **펴냄**

펴낸곳 (주)효리원
펴낸이 윤종근
글쓴이 서석영 · **그린이** 장인한
사진 제공 중앙포토
등록 1990년 12월 20일 · **번호** 2-1108
우편 번호 03147
주소 서울시 종로구 삼일대로 457, 406호
전화 02)3675-5222 · **팩스** 02)765-5222

ISBN 978-89-281-0354-6 64990

이메일 hyoreewon@hyoreewon.com
홈페이지 www.hyoreewon.com